EME-AG002
合唱楽譜<コーラス・ステージ・セレクション>
CHORUS STAGE SELECTION

コーラス・ステージ・セレクション

混声4部合唱

月をうたう～The Moon～

合唱編曲:田原晴海

目　次

ELEVATO
MUSIC ENTERTAINMENT

月をうたう〜The Moon〜

●●● 曲目解説 ●●●

月をテーマにした楽曲を集めた混声合唱曲集です。古くから多くの人を魅了してきた神秘的で美しい月。そんな月にまつわる楽曲は、老若男女、ジャンルを問わずたくさん存在します。この曲集では、唱歌や童謡、民謡から、『月』『炭坑節』『月の沙漠』『朧月夜』の4曲を収載。

ELEVATO
MUSIC ENTERTAINMENT

ELEVATO MUSIC ENTERTAINMENT
コーラス・ステージ・セレクション CHORUS STAGE SELECTION

月をうたう～The Moon～

1. 月　2. 炭坑節　3. 月の沙漠　4. 朧月夜

1. 月

文部省唱歌　合唱編曲:田原晴海

18 Sop.
B
mp
ようなつきが
かくれた
Alt.
かくれた
Ten.
かくれた
Bas.
かくれた
(8va)
3
mp

26
くもにくーろいくーろいまっくろいすーみのようなくも
くもにくーろいくーろいまっくろいーすーみのようなくも
くもにくろいくろいくろいすみのようなくも
くもにくろいくろいくろいすーみのようなくも

Elevato Music
EME-AG002

Elevato Music
EME-AG002

49
つ き が まーるい まーるい まんまるい ぼーんのような
つ き が まーるい まーるい まんまるい ー ぼーんのような
つ き が まるい まるい まるい ぼんのような
つ き が まるい まるい まるい ぼーんのような

57
rit.
a tempo
rit.
つ き が ー ー
つ き が ー ー
つ き が ー ー
つ き が ー ー
rit.
a tempo
rit.
8va
p
pp
Ped.

Elevato Music
EME-AG002

2. 炭坑節

福岡県民謡　合唱編曲:田原晴海

A
mf
つ き
つ き
A
p
f
mf
※
f
ア ヨ イヨイ
ア ヨ イヨイ
が でたでた つきがーでたーア ヨ イヨイ
が でたでた つきがーでたーア ヨ イヨイ

※…祭りの掛け声のように元気良く

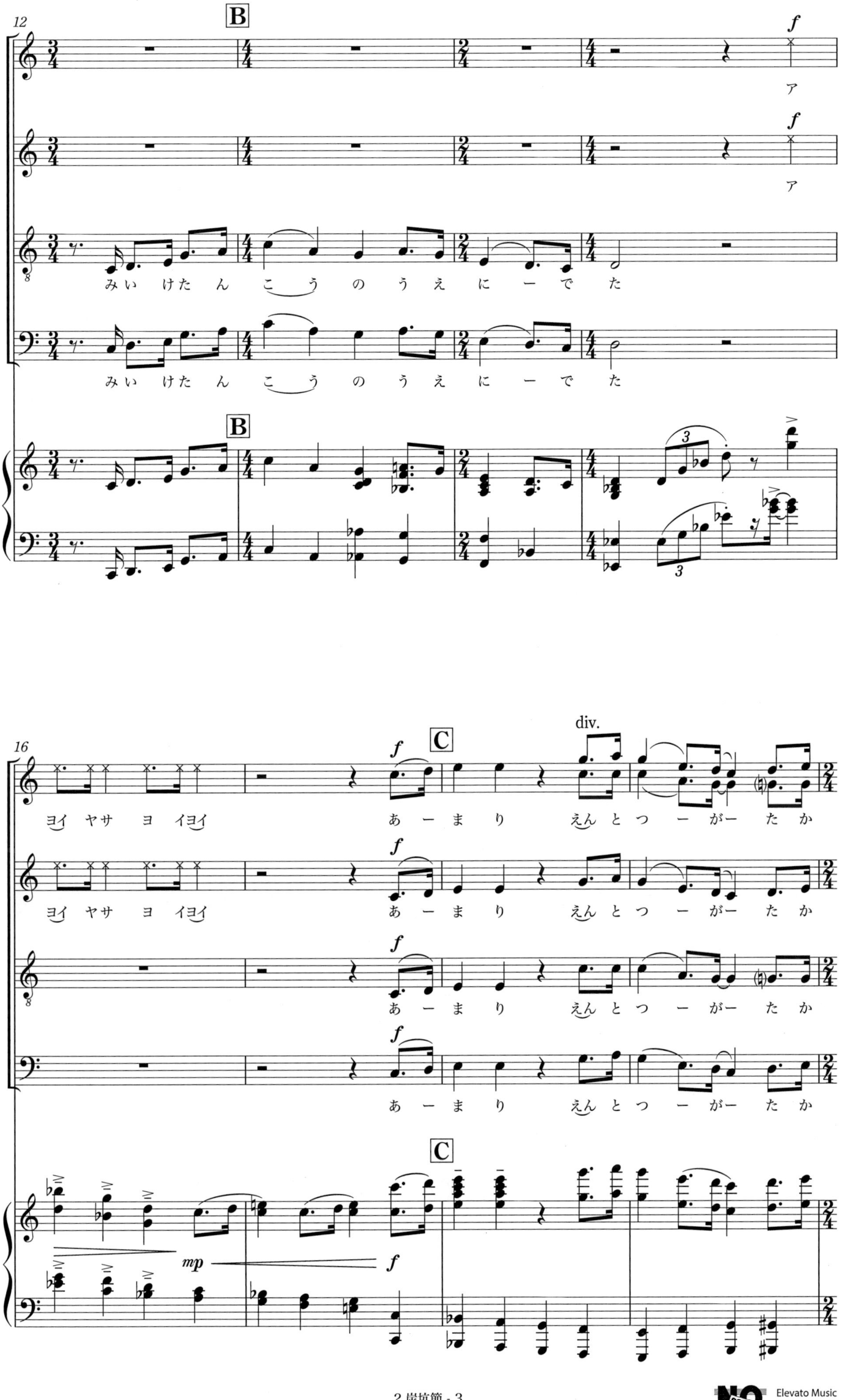
12
B
f
ア
f
ア
みい けた ん こ う の う え に ー で た
みい けた ん こ う の う え に ー で た
B
3
3
16
C
f
div.
ヨイ ヤサ ヨ イヨイ
あ ー ま り えん と つ ー がー た か
f
ヨイ ヤサ ヨ イヨイ
あ ー ま り えん と つ ー がー た か
f
あ ー ま り えん と つ ー がー た か
f
あ ー ま り えん と つ ー がー た か
C
mp
f

20
unis.
いーので
いーので
mf
いーので さーぞや おつきさん けむ
mf
いーので さーぞや おつきさん けむ
3
3
p

24
D
f
サノヨイヨイ
f
サノヨイヨイ
f
たーーーかろ サノヨイヨイ
f
たーーーかろ サノヨイヨイ
D
mf
f
p

Elevato Music
EME-AG002

28 E
mf
ひ と や ま ー ふ た や ま
mf
ひ と や ま ふ た
mf
ひ と や ま ふ た や ま み や
mf
ひ と や ま ふ た や ま み や
E
f
mf
32
※ fp f
み や ま ー こ え ヨ イ ヨ ー イ
※ fp f
や ま み や ま ヨ イ ヨ ー イ
ま ー こ え ー ア ヨ イヨイ お く に さ い た る ー や え
ま ー こ え ー ア ヨ イヨイ お く に さ い た る ー や え

※…語尾を跳ね上げるように歌う

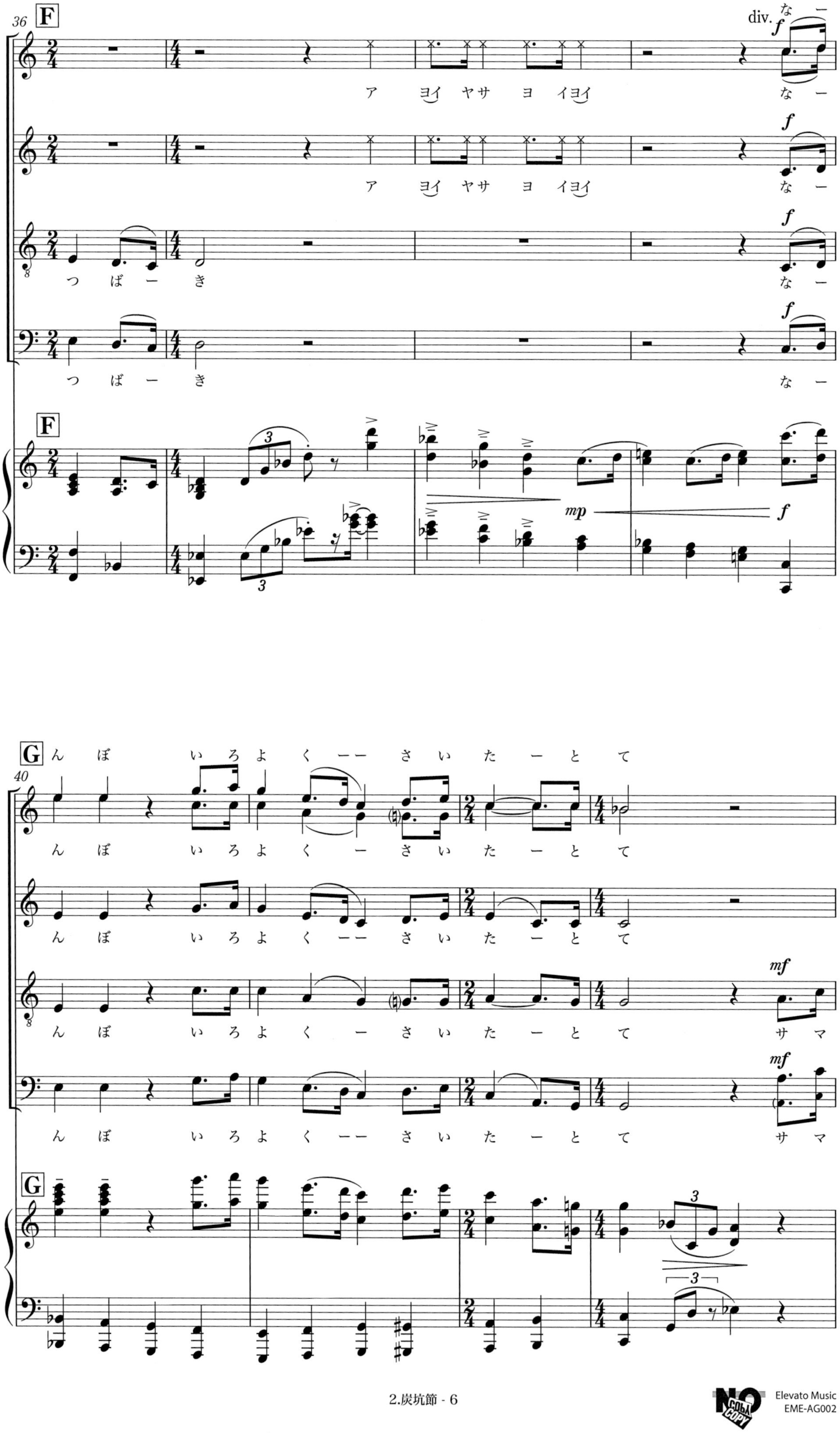
36
F
div.
f
なー
ア ヨイ ヤサ ヨ イヨイ なー
ア ヨイ ヤサ ヨ イヨイ なー
つ ばー き なー
つ ばー き なー
F
3
mp
f
G
んぼ いろよくーー さいたーとて
40
んぼ いろよくー さいたーとて
んぼ いろよくーー さいたーとて
mf
んぼ いろよくー さいたーとて サマ
んぼ いろよくーー さいたーとて サマ
G
3

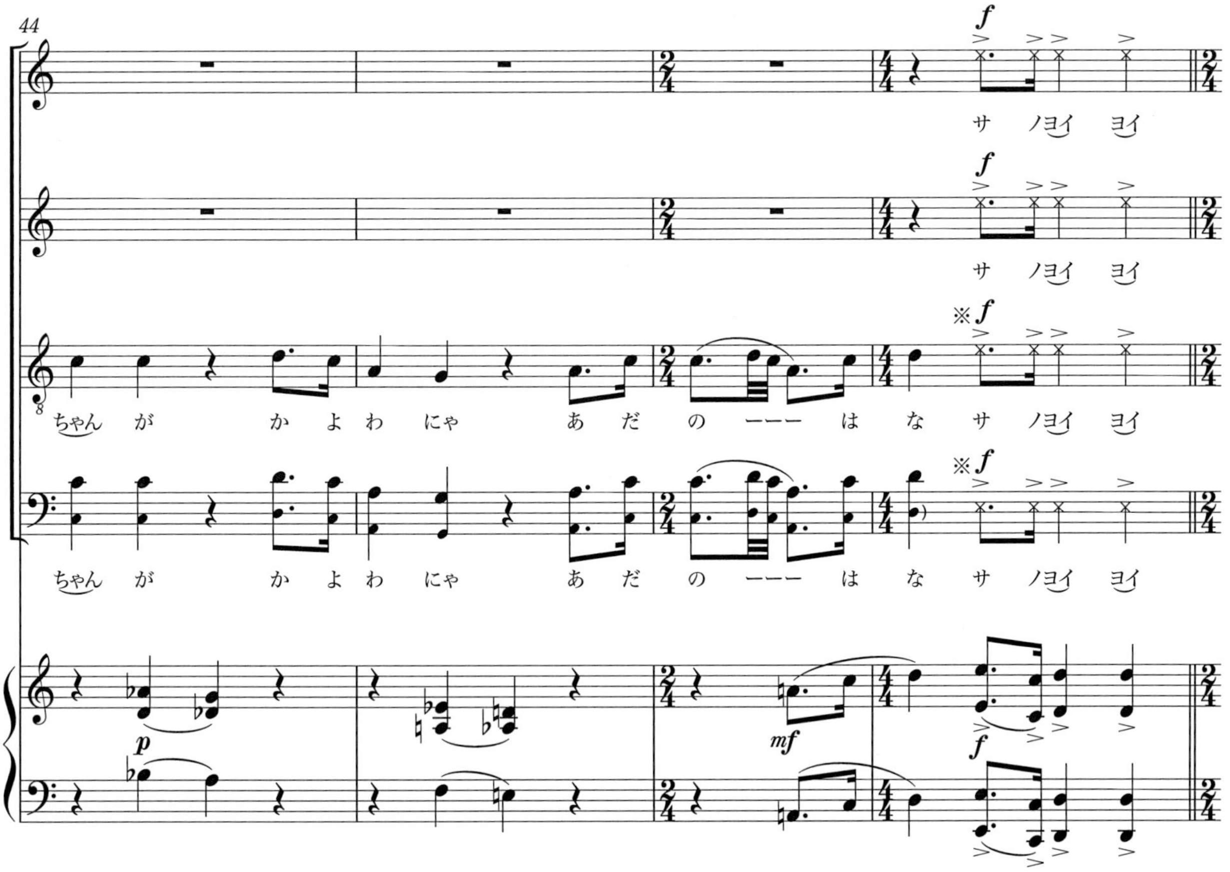
44
unis.
サ ノヨイ ヨイ
サ ノヨイ ヨイ
ちゃん が かよわにゃ あだの ーーー はな
※
サ ノヨイ ヨイ
ちゃん が かよわにゃ あだの ーーー はな
※
サ ノヨイ ヨイ

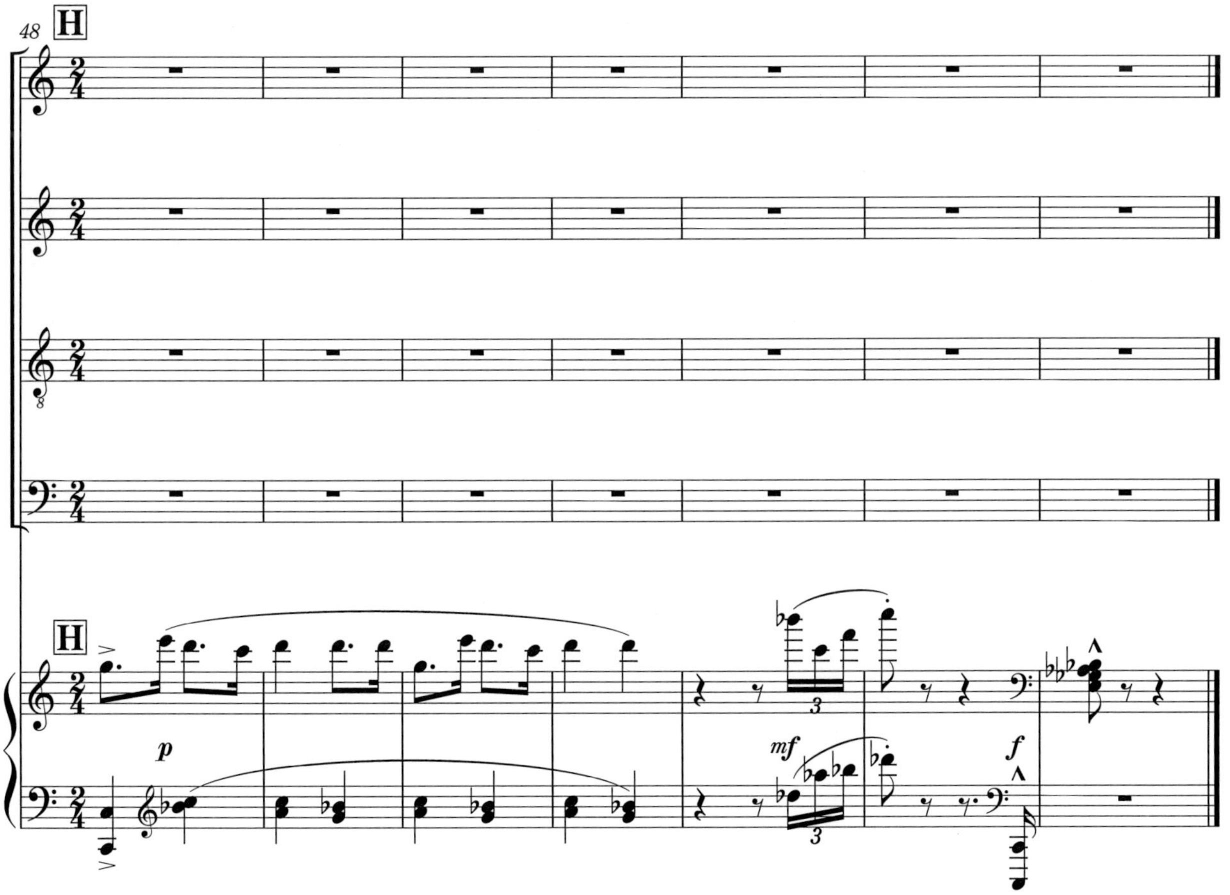
48
H
H

※…祭りの掛け声のように元気良く

3. 月の沙漠

作詞:加藤まさを　作曲:佐々木すぐる　合唱編曲:田原晴海

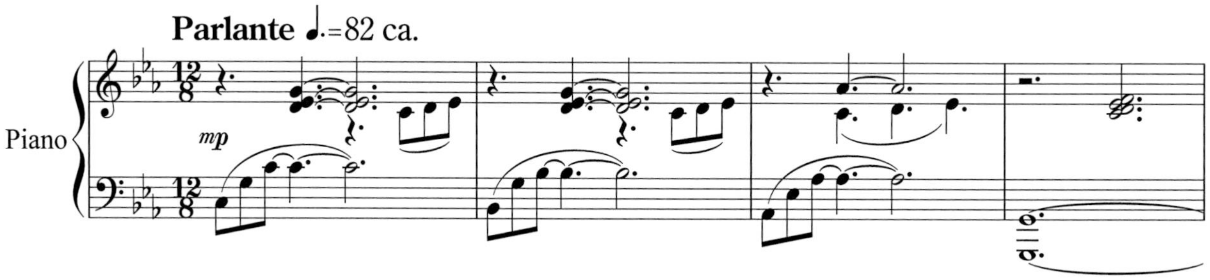

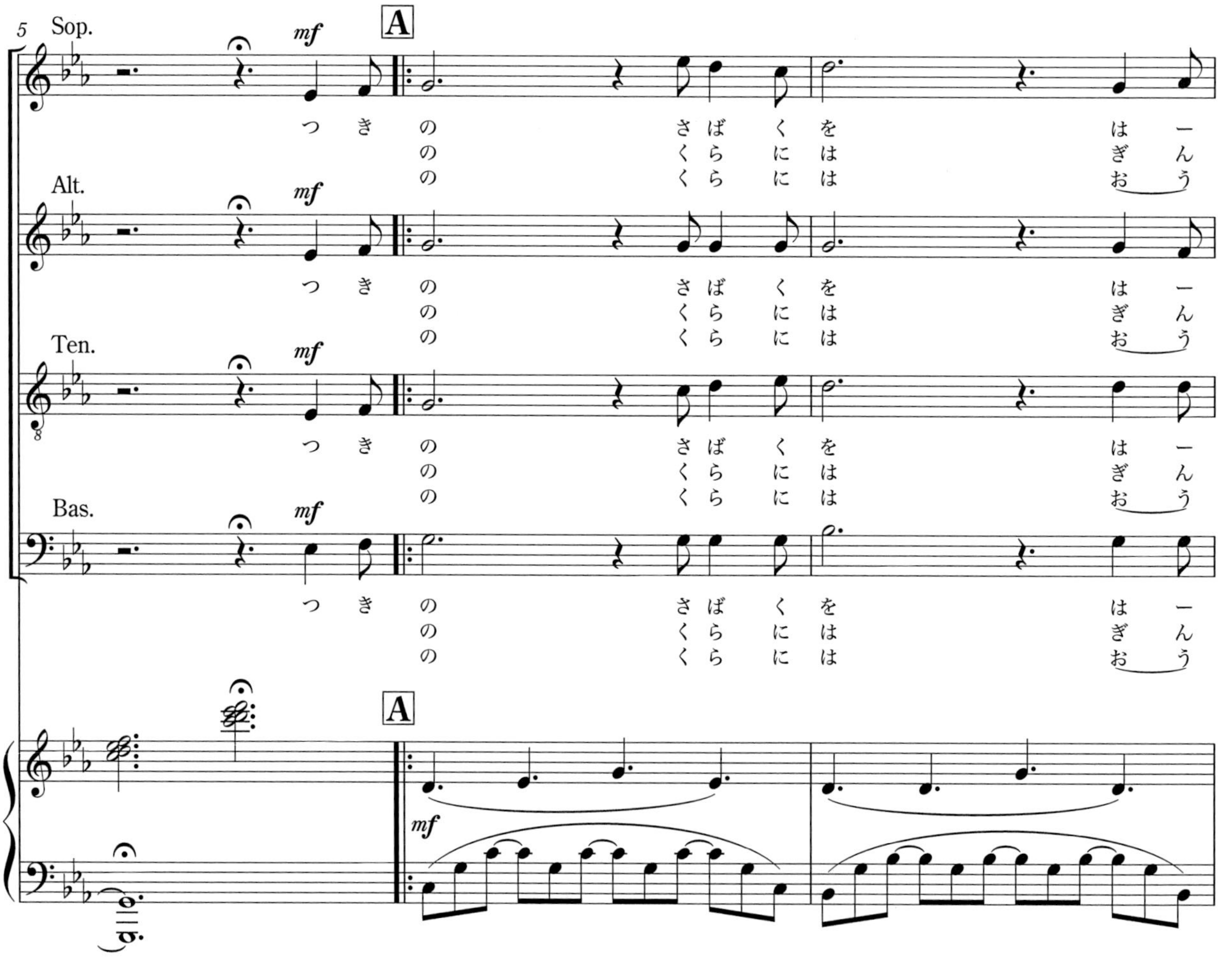

8
るーばると たびの のらくだ
のーかーめ ぎんの のくらに
じーさーま あとの のくらに
るーばると たびの のらくだ
のーかーめ ぎんの のくらに
じーさーま あとの のくらに
るーばると
のーかーめ
じーさーま
Oo
るーばると
のーかーめ
じーさーま
Oo
11
f
がーゆーきーましたきん
はーきんのーかーめふた
はーおーひーめさまのっ
がーゆーきーましたきん
はーきんのーかーめふた
はーおーひーめさまのっ
oo
きん
ふた
のっ
oo oo
きん
ふた
のっ

Elevato Music
EME-AG002

20
1.
き ー ま し し た
り ー ま し し
て ー ま し
き ん
oo
23
2.
C
f

26
29
mf
3.
さ き た
さ き た
さ き oo
さ き oo
3.

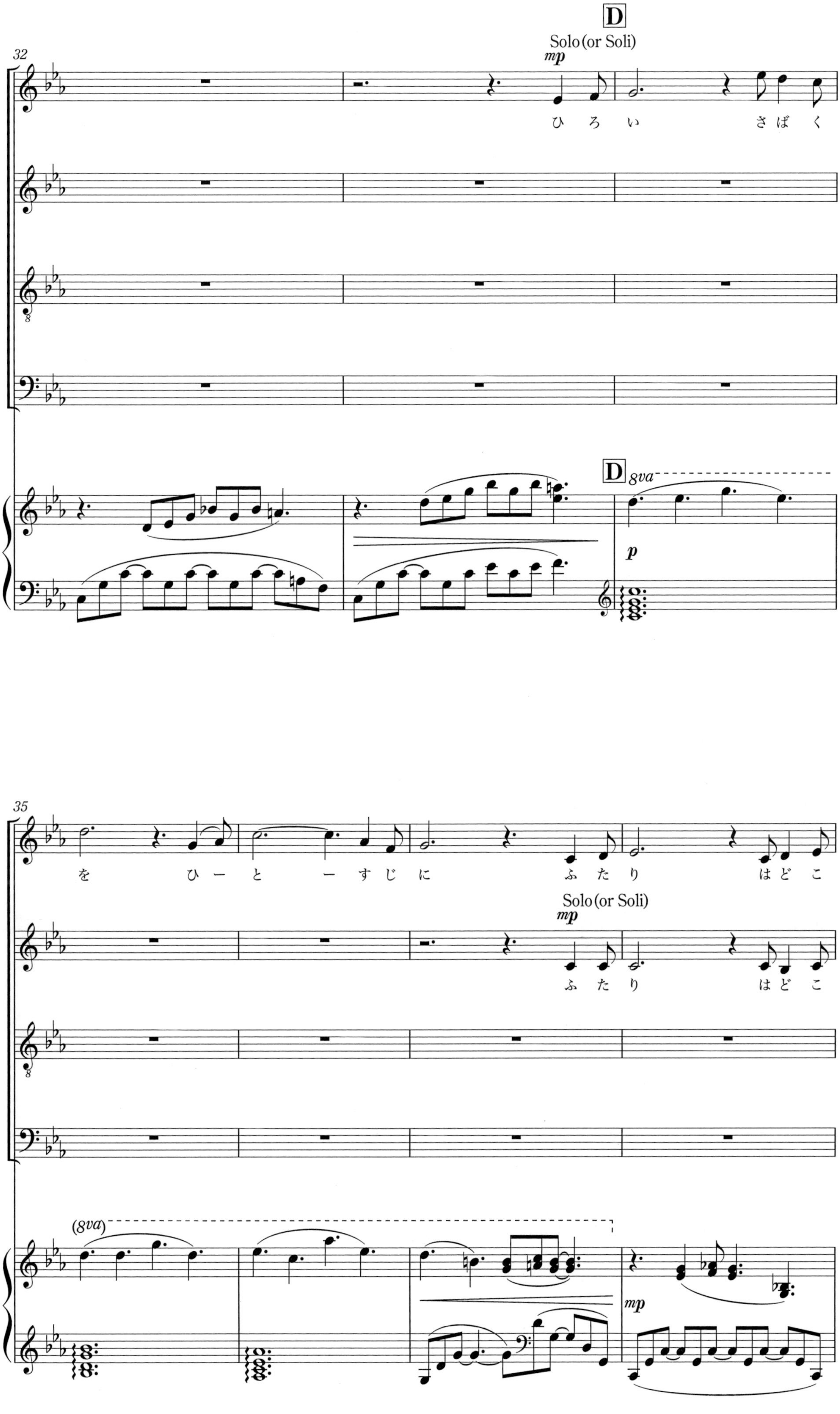
32
D
Solo (or Soli)
mp
ひ ろ い さ ば く
D
8va
p
35
を ひ ー と ー す じ に ふ た り は ど こ
Solo (or Soli)
mp
ふ た り は ど こ
(8va)
mp

Elevato Music
EME-AG002

39
tutti
f
へ ー ゆ ー く ー の で しょう お ぼ
tutti
f
へ ー ゆ ー く ー の で しょう お ぼ
f
お ぼ
f
お ぼ

42
E
ろ にけ ぶ る ー つ ー き ー の よ
ろ にけ ぶ る ー つ ー き ー の よ
ろ お ぼろ に け ー ぶ る Oo
ろ お ぼろ に け ー ぶ る Oo
E
f

45
mf
を ー つ い の ー ら く だ は ー と ー
mf
を ー つ い の ー ら く だ は ー と ー
mf
oo
oo
mf
oo
oo
mf

48
ぼ ー と ぼ と
ぼ ー と ぼ と
f
oo
oo
さ きゅ
f
oo
oo
さ きゅ

Elevato Music
EME-AG002

51
F
f
さ きゅ う を こ え て
Ah
f
さ きゅ う を こ え て
Ah
う をこえて ー ゆーき ー まし
う をこえて ー ゆーき ー まし
F
f
54
p
だ まっ ー てこえて ー ゆー
p
だ まっ ー てこえて ー ゆー
p
たー だ まっ ー てこえて ー ゆー
p
たー だ まっ ー てこえて ー ゆー
p

57
Calando
き ー ま し た
き ー ま し た
き ー ま し た
き ー ま し た
Calando

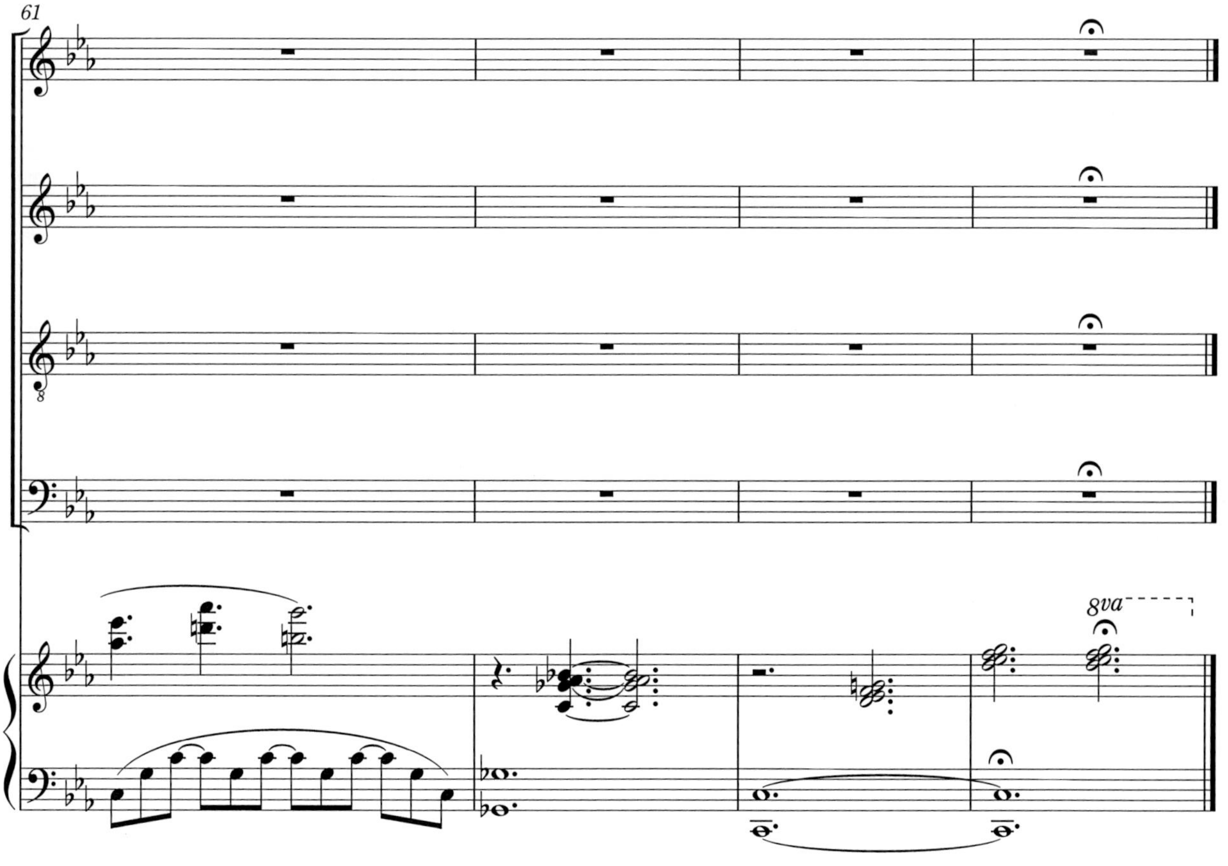
61
8va

4. 朧月夜

作詞:髙野辰之　作曲:岡野貞一　合唱編曲:田原晴海

Elevato Music
EME-AG002

26
り ひうすれ みわた すやまのーはか す みふかし
り ひうすれ みわた すやまのーはか す みふかし
oo oo
oo oo
32
mf
はるか ぜそよ ふーく そーら をみれば
mp
ゆうづ きかか
mf
はるか ぜそよ ふーく そーら をみれば
mp
ゆうづ きかか
mf
はるかぜ そよふーく Oo
mp
oo
mf
Oo oo
mp
oo
mf
mp

38
りーてに　おいあわし　ー
りーてに　おいあわし　ー
mp
に　おいあわし　ー　さと
div.
unis.
mp
に　おいあわし　ー　さと
44
D
mp
Oo　た
わ　のほかげーもも　り　のいろも　たなか　のこみ　ちーをた
わ　のほかげーもも　り　のいろも　たなか　のこみ　ち　をた
D
mp

50
mp
Oo
mf
かわず のなく ねーも かーね のおと
どるひとも
mf
かわず のなく ねーも かーね のおと
どるひとも
mf
かわずの なくねーも
Oo
どるひとも
mf
Oo
oo
mf

56
も さなが らかす めーる おぼ ろづきよ ー
Ah
も さなが らかす めーる おぼ ろづきよ ー
Ah
oo
おぼ ろづきよ ー
div.
oo
おぼ ろづきよ ー

Elevato Music
EME-AG002

62
div.
unis.
fp
f
ah
ah
ah
はる
Ah
ah
ah
はる
unis.

68
E
かぜそよふーくそーらをみればゆうづきかか
かぜそよふくそーらをみればゆうづきかか
f

Elevato Music
EME-AG002

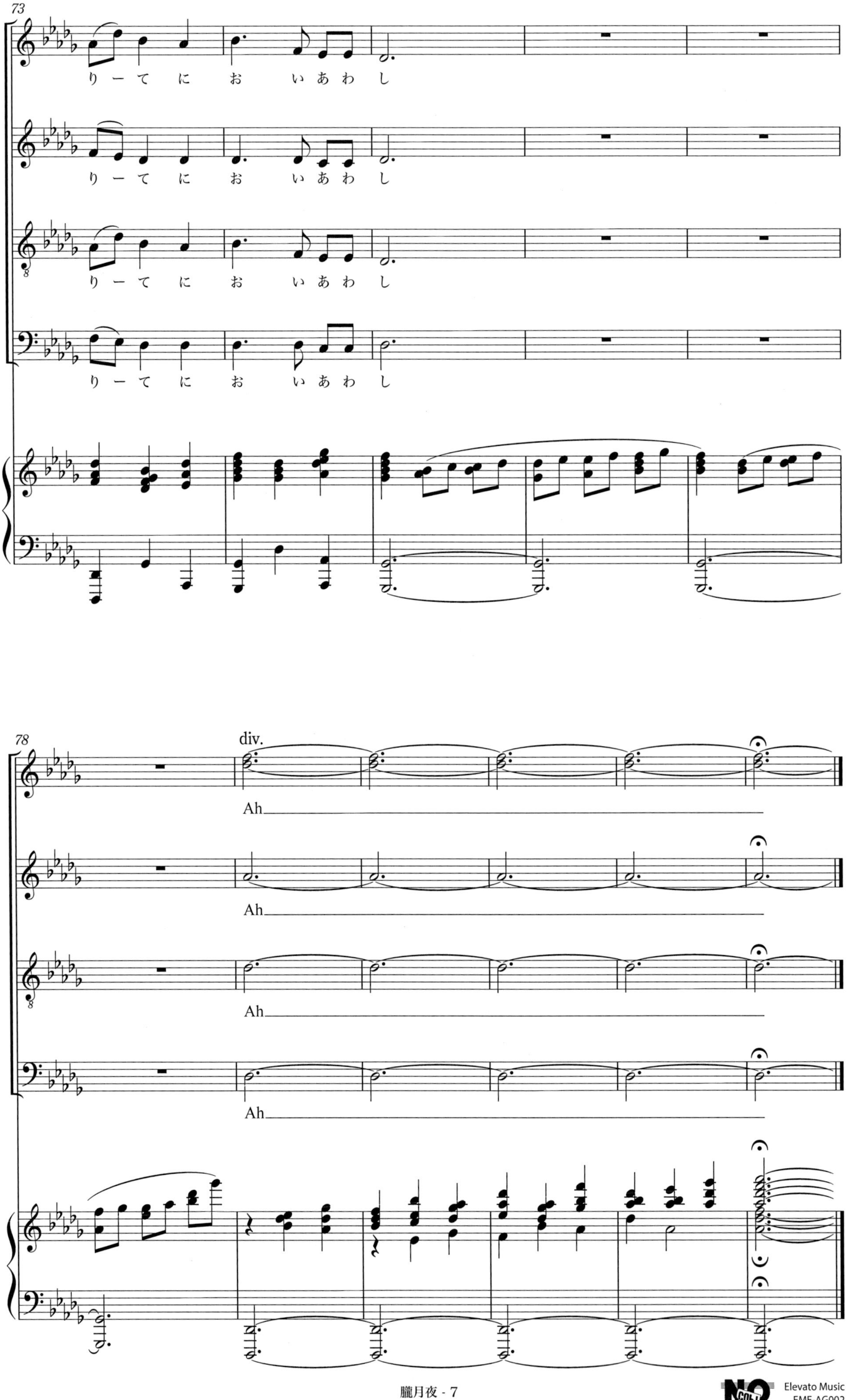

Elevato Music
EME-AG002

月をうたう～The Moon～

1. 月

（文部省唱歌）

出た出た　月が
まるいまるい
まんまるい
盆のような　月が

隠れた　雲に
黒い黒い
まっ黒い
墨のような　雲に

また出た　月が
まるいまるい
まんまるい
盆のような　月が

2. 炭坑節

（福岡県民謡）

月が出た出た　月が出た
三《み》池《いけ》炭坑の　上に出た
あまり煙突が　高いので
さぞやお月さん　けむたかろ

一山　二山　三山　越え
奥に咲いたる　八重つばき
なんぼ色よく　咲いたとて
様《さま》ちゃんが通わにゃ　仇《あだ》の花

[あなたがその気で云《い》うのなら
思い切ります　別れます
もとの娘の　十八に
返してくれたら　別れます]

※[ ]の部分は省略しています。

3. 月の沙漠
（作詞：加藤まさを　作曲：佐々木すぐる）

月の沙《さ》漠《ばく》を　はるばると
旅の駱《らく》駝《だ》がゆきました
金と銀との鞍《くら》置いて
二つならんでゆきました

金の鞍《くら》には銀の甕《かめ》
銀の鞍《くら》には金の甕《かめ》
二つの甕《かめ》は　それぞれに
紐を結んでありました

さきの鞍《くら》には王子様
あとの鞍《くら》にはお姫様
乗った二人は　おそろいの
白い上着を着てました

曠《ひろ》い沙《さ》漠《ばく》をひとすじに
二人はどこへゆくのでしょう
朧《おぼろ》にけぶる月の夜を
対の駱《らく》駝《だ》はとぼとぼと

砂丘を越えてゆきました
黙って越えてゆきました

4. 朧月夜
（作詞：髙野辰之　作曲：岡野貞一）

菜の花畠に　入り日薄れ
見わたす山の端《は》　霞《かすみ》ふかし
春風そよふく　空を見れば
夕月かかりて　におい淡し

里わの火《ほ》影も　森の色も
田《た》中《なか》の小《こ》路《みち》を　たどる人も
蛙《かわず》のなくねも　かねの音《おと》も
さながら霞《かす》める　朧月《おぼろづき》夜《よ》

ELEVATO
MUSIC ENTERTAINMENT
エレヴァートミュージックエンターテイメントはウィンズスコアが
展開する「合唱楽譜・器楽系楽譜」を中心とした専門レーベルです。

ご注文について

エレヴァートミュージックエンターテイメントの商品は全国の楽器店、ならびに書店にてお求めになれますが、店頭でのご購入が困難な場合、当社WEBサイト・電話からのご注文で、直接ご購入が可能です。

◎当社WEBサイトでのご注文方法

elevato-music.com

上記のURLへアクセスし、オンラインショップにてご注文ください。

◎お電話でのご注文方法

TEL.0120-713-771

営業時間内に電話いただければ、電話にてご注文を承ります。